L'ÉDUCATION SEXUELLE

PAR

Mme AVRIL DE SAINTE=CROIX

Préface de M. le Professeur Pinard

Membre de l'Académie de Médecine

Prix : 1 franc

PARIS
LIBRAIRIE FÉLIX ALCAN
108, BOULEVARD SAINT-GERMAIN, 108

1918

L'ÉDUCATION SEXUELLE

PAR

Mme AVRIL DE SAINTE=CROIX

Préface de M. le Professeur Pinard

Membre de l'Académie de Médecine

PARIS
LIBRAIRIE FÉLIX ALCAN
108, BOULEVARD SAINT-GERMAIN, 108

—

1918

Tous droits de traduction, d'adaptation et de reproduction
réservés pour tous pays

LETTRE PRÉFACE

De M. le Professeur A. PINARD,

Membre de l'Académie de Médecine

Madame,

En me faisant parvenir les « bonnes feuilles » de votre belle conférence à la Ligue de l'Enseignement sur « L'Education sexuelle », vous voulez bien me demander une lettre d'introduction.

Connaissant et admirant votre apostolat, permettez-moi de vous dire, Madame, qu'en agissant ainsi, vous me faites un honneur dont je sens tout le prix. Aussi, avec empressement, vais-je m'efforcer de réaliser votre désir.

En lisant votre conférence, on peut constater, une fois de plus, que votre Idéal apparaît toujours le même, en n'allant jamais au delà des possibilités réalisables. Il veut ce qui doit être, par opposition à ce qui est. Il vise la progressive perfection que peut et doit, à un moment donné, réaliser l'être humain. En est-il de plus élevé ? Je ne le crois pas.

Au point de vue de la conservation et de l'amélioration de l'espèce humaine, il n'est point de sujet plus important que celui abordé par vous. L'avenir de notre race est tout entier, oserai-je dire, sous la dépendance de l'Education sexuelle. Elle doit constituer le premier chapitre de la Puériculture.

Hélas ! aujourd'hui encore, il faut constater et avouer que de tous nos instincts, celui de la Reproduction est, de tous, le moins civilisé. Il n'est guère plus instruit ni éduqué qu'à l'âge des cavernes.

Or, le mystère et la fable, au point de vue social — ainsi qu'à tant d'autres du reste — comme vous l'avez si justement dit, ne peuvent que préparer le terrain aux pires catastrophes. « L'homme n'est ni ange ni bête, et le malheur veut que qui veut faire l'ange fait la bête » a dit Pascal. Vous ne me tiendrez pas pour irrespectueux, Madame, si j'ajoute qu'il en est de même pour la femme. Donc, en apprenant à nos enfants le rôle que doit remplir tout être humain, on ne fait que mieux préparer les filles et les garçons à accomplir leur plus haute fonction sociale. Je reconnais que ce but, vous l'avez incessamment poursuivi, et je ne saurais assez vous en féliciter.

Après avoir magistralement démontré qu'il est absolument nécessaire et urgent de donner à tous les enfants l'Education sexuelle, vous étudiez les trois questions que voici :

A quel âge doit-elle commencer ?

Comment doit-elle se faire ?

Par qui doit-elle être faite ?

Je ne saurais ici envisager en détail ces trois questions qui sont capitales au point de vue du succès à obtenir. Mais je proclame que je suis en parfaite communion d'idées avec vous, quant au plan que vous avez exposé.

Oui, cette éducation doit commencer dès que l'enfant naît à la vie intellectuelle.

Oui, elle doit se faire par l'enseignement de la vie.

Oui, cet enseignement doit être donné dans l'Ecole et dans la Famille. Avec vous, je dis : on ne doit jamais, avec ou sans esprit, mentir pour l'enfant, pas plus dans la Famille que dans l'Ecole.

Ce principe posé et admis, comment enseigner la vie ?

Vous avez complètement et admirablement répondu à cette question en disant : « C'est en enseignant l'histoire naturelle à leurs élèves, que les éducateurs leur feront comprendre les grandes lois de la vie, de la reproduction de l'espèce, les joies qu'elles nous donnent et les devoirs qu'elles nous imposent. »

Mais souffrez que je ne partage pas votre satisfaction à l'égard des programmes scolaires.

La Vie n'est pas enseignée à l'Ecole comme elle devrait l'être. Les Instituteurs et les Institutrices savent assez combien je les estime et je les aime, pour m'en vouloir de cette affirmation.

L'étude de la Biologie doit précéder celle de la Sociologie, même et surtout à l'école primaire.

Or, est-ce qu'à l'école, aujourd'hui encore, on fait comprendre, on explique aux enfants, comme cela devrait être fait, ce qu'est un grain de blé, un haricot, un œuf de poule, *vivant* ou *mort*? Trop exceptionnellement, hélas ! Et cependant, quel thème fertile en enseignements ! quel sujet intéressant pour les élèves, quel que soit leur sexe ou leur âge !

J'ajoute que cet enseignement scolaire est indispensable pour rendre facile et fructueux l'enseignement familial.

Après l'école primaire, c'est dans l'enseignement post-scolaire et dans l'enseignement secondaire que doit être abordée l'étude de la sociologie, c'est-à-dire qu'on doit apprendre à la jeunesse, comme vous le dites : « ses devoirs familiaux, sociaux, civiques et patriotiques. »

Un jour viendra, j'espère, où dans toutes les écoles de France, au-dessus du tableau relatant « les Droits de l'homme et du citoyen », et le dominant bien, il y en aura un autre, sur lequel sera gravée en gros caractères cette phrase :

Tout être humain, adulte, sain et vigoureux a, dans la vie, deux grands devoirs à remplir : Produire et se Reproduire ;

Produire, c'est-à-dire travailler ; se Reproduire c'est-à-dire fonder une famille.

Au risque de rendre cette lettre trop longue, j'ajoute que, dans cet enseignement post-scolaire ou secondaire, doit exister un chapitre spécial pour les garçons. L'initiative et la responsabilité de la Fonction de Reproduction appartiennent à l'homme. C'est donc au jeune homme qu'il faut apprendre quels dangers pour lui et sa descendance il pourra courir, quels crimes il pourra commettre, en obéissant *aveuglément* à l'instinct de reproduction.

On représente l'Amour avec un bandeau. Il faut remplacer ce dernier par un flambeau. Eclairer l'amour, c'est lui donner la possibilité d'apparaître dans sa splendeur.

Il me semble que ce chapitre devrait occuper une place prépondérante dans l'enseignement des devoirs familiaux, sociaux, civiques et patriotiques. Or, cela n'est pas.

Vous terminez votre conférence en faisant allusion aux préoccupations de nos Maîtres de l'Université, au sujet de l'enseignement que nous réclamons. On s'est préoccupé, dites-vous, de cette question, au Conseil supérieur de l'Instruction publique, mais on est resté jusqu'ici à la période d'études. Cela est parfaitement exact. Mais permettez-moi de vous montrer combien, dans ce milieu même qui possède tant de clartés, une évolution est nécessaire et une victoire est indispensable à remporter là aussi.

Quelque temps avant le début du cataclysme que nous subissons, le Conseil supérieur de l'Instruction publique eut à s'occuper de modifications à apporter au programe du P. C. N., c'est-à-dire des études comprenant les sciences physiques, chimiques et naturelles, qu'on ne peut aborder qu'après avoir obtenu le baccalauréat. Eh, bien ! dans le nouveau programme, dans la partie des sciences naturelles, le chapitre concernant la Fonction de Reproduction dans l'Espèce humaine n'existait pas ! Il me semble inutile d'insister.

Mais je suis loin de désespérer. Ma longue vie n'a cessé de me prouver qu'il n'est point d'effort perdu.

Or, celui qui apparaît dans votre conférence se montre magnifique. Aussi, à vous, Madame, qui vous affirmez, aujourd'hui comme hier, l'apôtre de la plus belle des religions : la Religion de l'Humanité, celle qui n'a jamais fait couler le sang et veut tarir ou restreindre la source des larmes — sauf celles de la joie — j'adresse l'expression de mon profond respect et de ma vive reconnaissance.

A. PINARD,
Puériculteur.

L'Education sexuelle[1]

MESDAMES, MESSIEURS,

En abordant devant vous le sujet de cette conférence, conférence dont le titre primitif : « L'Education sexuelle » est devenu, par la préoccupation de ne froisser aucune susceptibilité, « La véritable éducation de la jeunesse », je me sens à la fois écrasée par l'amplitude du sujet et par la lourde charge de combattre devant vous une conception d'éducation — très respectable, disons-le de suite — mais d'efficacité périmée.

Jusqu'ici, dans le programme d'éducation de la jeunesse, on a fait entrer tout ce qui pouvait préparer l'enfant à ses devoirs sociaux, civiques, patriotiques ; il a eu, pour les lui enseigner, les maîtres les plus érudits comme les plus éloquents. Dans tous ces domaines, on s'est efforcé de lui faire, par les expériences de l'histoire, de la socio-

(1) Conférence faite à la Ligue de l'Enseignement, le 1ᵉʳ mars 1918.

logie, de la science, toucher la vérité du doigt, et on l'a aidé à en tirer les meilleures conclusions.

Un seul point a toujours été laissé dans l'ombre : tout ce qui touche à la vie propre de l'individu, à la connaissance des lois de la reproduction, à la préparation à la vie sexuelle — c'est-à-dire à tout ce qui tient de plus près à l'homme ; à ce qui parfois, hélas, dominera sa vie, déterminera son orientation et, la plupart du temps, sera parmi les facteurs importants de son bonheur et de celui de sa descendance.

Aujourd'hui, cependant, reconnaissons-le tout de suite, une réaction se fait, réaction bien timide encore puisque, ici même, on craint de parler d'éducation sexuelle ! Mais on commence à comprendre que l'enfant, quel que soit son sexe, étant appelé à une vie plus active, plus intense, moins protégée par l'ambiance familiale, doit être davantage éclairé, plus prémuni contre l'attrait du mystère. On a compris que le temps était passé de cette éducation, aussi fausse que dangereuse, qui, après avoir voulu, sous des fables bientôt percées à jour, cacher à l'enfant tout ce qui touche aux sources mêmes de la vie, aboutissait souvent aux pires catastrophes. Cette éducation qui confondant, pour la jeune fille, l'ignorance avec la pureté, avait comme idéal la petite oie blanche de nos pères ; cette éducation qui, après avoir laissé le petit garçon dans la même ignorance, livrait plus tard l'adolescent sans défense contre les suggestions de son imagination, les révélations brutales de ses camarades d'école ou d'atelier, les propos grivois de la domesticité, les obscénités de la rue.

Aujourd'hui, il n'est plus de pédagogue averti qui n'ait reconnu, en même temps que la nécessité de l'éducation sexuelle de la jeunesse, toutes les difficultés qu'elle rencontre.

Ces difficultés existent, en effet, mais elles ne sont pas insurmontables.

Chaque fois que ce grave problème de l'éducation sexuelle a été soulevé, trois questions se sont posées à ceux qui en acceptent le principe :

A quel âge doit-elle commencer ?
Comment doit-elle se faire ?
Par qui doit-elle être faite ?

Essayer de donner à ces questions des réponses précises, vouloir établir des règles fixes, s'appliquant à tous les enfants, à tous les adolescents, serait une grande erreur. Dans aucun domaine plus que dans celui-là, la personnalité du sujet, son développement intellectuel, physique ou moral, n'entre en ligne de compte à un tel degré ; dans aucun domaine une erreur de diagnostic ne peut avoir d'aussi fâcheuses conséquences.

Je n'aurai pas, Mesdames, Messieurs, l'outrecuidance de vouloir, dans une brève causerie, répondre à ces trois questions, questions qui exigeraient, si on voulait les étudier à fond, une conférence au moins pour chacune d'elles.

Ce que, plus modestement, je me propose aujourd'hui, c'est d'étudier avec vous un plan, une ligne de conduite qui puisse satisfaire les personnes que ce sujet intéresse, et guider celles qui voudraient entrer dans cette voie avec leurs enfants, leurs élèves ou leurs pupilles.

※※

Prenons si vous le voulez, pour débuter, la question du moment opportun.

L'éducation sexuelle ne doit pas commencer à tel ou tel âge ; elle doit se faire, si l'on veut éviter pour plus tard les curiosités malsaines, les secousses morales, les défaillances précoces, dès que l'enfant naît à la vie intellectuelle ; dès que son cerveau se met à observer, essaie de tirer des conclusions sur ce que ses yeux voient, sur ce que ses sens perçoivent.

Sans vouloir aller jusqu'à soutenir, ainsi que le disait un éminent auteur étranger, que « l'éducation sexuelle se prépare cent ans avant la naissance », je pense avec le Dr Burlureau, qu'elle doit se préparer longtemps avant la venue de l'enfant, par l'éducation des parents. Jusqu'ici cette éducation a été totalement négligée, et négligée non seulement chez les parents, mais aussi chez les éducateurs.

C'est là une lacune à combler. La

tâche est difficile, elle n'est pas impossible.

Trop d'esprits avertis se rendent compte aujourd'hui de la nécessité d'une réforme profonde dans l'éducation de notre jeunesse, dans son orientation morale, pour qu'avec leur appui, avec leurs conseils, nous n'arrivions pas au but que nous nous proposons : préparer pour la France des générations saines, droites, fortes, ayant de la vie et de tous ses actes une conception assez élevée pour que rien de ce qui y touche ne puisse être pour elles un objet de scandale.

La beauté de la vie, le respect qu'on lui doit, seront enseignés à l'enfant, à l'adolescent, si l'on veut que l'adulte se respecte.

⁎

Pour la prime jeunesse, l'enfant lui-même, par les questions qu'il posera, indiquera à la mère, à l'éducatrice si celle-ci fait défaut, le moment et le moyen de l'instruire sans aller, tout en satisfaisant sa curiosité naissante, au-delà de ce que son cerveau peut comprendre. Quel que soit le moment où l'enfant s'adresse à ceux qui l'entourent pour demander les explications que réclame sa raison, on ne doit jamais lui mentir. Il faut s'efforcer de trouver une réponse simple, naturelle, conforme à la vérité ; ou, si la question est trop embarrassante, remettre à plus tard l'explication demandée, sans laisser supposer à l'enfant que, derrière cet ajournement, se cache quelque mystère.

Une des choses, par exemple, sur lesquelles se porte généralement la curiosité des tout petits est la façon dont les enfants viennent au monde. Quelles sont les mères à qui cette question n'a pas été posée et combien, parmi elles, n'ont pas tourné la difficulté en répondant par la fable du chou ou par celle de la cigogne ?

Il paraît plus facile de couper court aux « *Comment ?* », aux « *Pourquoi ?* » d'un enfant par ces légendes, que d'essayer de trouver dans la vérité l'explication appropriée à son âge. On a été élevé de la sorte ; pourquoi en serait-il autrement pour ceux qui viennent après nous ? Là gît la grande erreur. Les générations se suivent, se ressemblent, mais ne vivent pas dans la même atmosphère. Aujourd'hui, l'enfant est plus précoce, plus curieux qu'autrefois. Le mensonge avec lequel on se sera débarrassé de lui exigera d'autres mensonges. Comme, avec sa logique, le petit garçon, la petite fille, sentiront bientôt que la réalité n'est pas conforme à l'explication qu'on leur a donnée, ils poseront chaque jour une nouvelle question jusqu'au moment où, convaincus qu'on les a trompés, ils ne demanderont plus rien, s'informeront ailleurs et perdront confiance en leurs parents, en leurs éducateurs. On croira, par des fables, avoir reculé pour eux le moment de la révélation alors que, par une sotte pruderie, on aura permis qu'elle se fasse dans des conditions défavorables. On se sentira rassuré par leur silence quand, au contraire, le moment dangereux est précisément celui où ils ne questionnent plus.

Il serait pourtant facile, lorsque levant sur sa mère ses yeux innocents, l'enfant lui demande le comment de la vie, de lui répondre par des paroles approchant le plus de la vérité — et combien cette vérité, dosée graduellement et avec tout le tact que comporte un semblable sujet, ne faciliterait-elle pas plus tard le rôle de l'éducateur ?

Je connais pour ma part une mère qui a admirablement résolu le problème qui, pour d'aucuns, paraît insoluble : conserver l'innocence de ses enfants et leur dire toujours la vérité. Mère de quatre bambins, deux filles et deux garçons, elle les a habitués à comprendre sans s'en étonner ou sans que leur curiosité en soit excitée, la différence qui existe entre les sexes. A la mer, un jour, par exemple, au sortir du bain, la fillette, s'étant étonnée de voir son frère conformé autrement qu'elle, en demanda la raison. Sa mère lui dit : Mais ton frère est un garçon et toi tu es une petite fille. Il faut bien qu'il y ait une différence. T'étonnes-tu de voir que ton père a une moustache et que moi je n'en ai pas ? Non. Eh bien, pourquoi t'éton-

2.

nes-tu que ton frère qui sera un jour un homme soit fait autrement que toi ? Et, sans s'arrêter à l'observation de la petite fille, elle continua à laisser baigner ses enfants ensemble, sans avoir l'air d'ajouter la moindre importance à la question de sa petite fille. Aujourd'hui ses fils se battent au front, ses filles ont atteint l'âge de la maternité, les uns comme les autres ont conservé une pureté de sentiments rare.

Une autre jeune mère à laquelle son petit garçon demandait pour la troisième fois comment les enfants venaient au monde lui répondit simplement :

— Ce que tu me demandes là, mon chéri, est très long à expliquer. Je vais cependant essayer de te le dire en quelques mots : Quand un petit enfant doit venir au monde, il se forme dans le corps de sa maman une petite boule dans laquelle se trouve une graine d'où l'enfant sortira. Cette graine reste des mois dans le corps de la maman, elle y grandit, devient un petit enfant et quand celui-ci est tout à fait formé, il se détache et sort. La pauvre maman qui a été bien fatiguée pendant le temps qu'elle a porté son bébé sous son cœur s'attache d'autant plus à lui qu'il lui a occasionné plus de souffrances.

Le bambin, qui avait écouté l'explication de sa mère avec une grande attention, s'écria :

— Alors, maman, c'est comme pour les poules ! — Puis, se ravisant, il ajouta en embrassant sa mère : — Comme je vais t'aimer d'avoir tant souffert pour moi.

En répondant à son fils comme elle l'a fait, cette jeune mère a été infiniment plus avisée et plus digne que celles qui n'ont à servir à leurs enfants que des contes tôt percés à jour, et d'autant plus dangereux que l'enfant est plus intelligent.

Un petit garçon d'esprit très éveillé, à qui ses parents avaient raconté l'histoire du chou, en était resté très perplexe. Chaque fois que ce crucifère paraissait sur la table, il s'informait de l'endroit où on l'avait pris, de la grosseur qu'il avait, etc. Un jour, on servit un chou farci, énorme, que gonflait encore le hachis dont il était garni.

Le bambin regarde avec admiration. Tout à coup, s'apercevant qu'il y avait quelque chose derrière les feuilles, il s'écrie en voyant sa mère se servir :

— Prends garde, maman, il doit y avoir un bras par là !

A cette exclamation, tout le monde se regarde et rit. L'enfant reste interloqué. Il hésite et comprend qu'on se moque de lui.

Ailleurs, c'est une petite fille à laquelle on a raconté l'histoire de la cigogne. D'abord elle y a cru, puis, en grandissant, en observant, car, ne l'oublions pas, l'enfant est un observateur parfois très subtil, elle a senti que, derrière ce qu'on lui raconte, se cache autre chose.

Elle insiste ; on la maintient dans une ignorance qu'on croit synonyme d'innocence. Alors elle se tait, cherche à résoudre seule le problème, interroge ailleurs. Entre elle et ses parents la fiction continue, fiction à laquelle elle n'ajoute plus foi, mais qu'elle feint de croire. On lui impose le mensonge et chez elle naît l'hypocrisie. Un jour cependant la vérité se fait jour. L'enfant est allée rendre visite à sa grand'mère malade qu'elle n'a pas vue depuis longtemps. Elle l'a trouvée changée, grossie démesurément. Son imagination travaille et, rentrée chez ses parents, oubliant tout à fait l'histoire de la cigogne pour ne plus se souvenir que de la grande nouvelle qu'elle va apporter, elle s'écrie :

— Sais-tu, maman, que grand'mère va avoir un enfant ?

— Quelle sottise racontes-tu là ? dit la mère en riant.

— Ce n'est pas une sottise. C'est vrai, petite mère — dit l'enfant vexée de voir qu'on ne la croit pas. — Grand'mère va avoir un enfant : elle a un ventre gros... gros... comme ça ! juste comme la chatte avant d'avoir ses petits !

Ahurissement des parents qui ne savent que répondre, pris entre la fable qu'ils ont contée et la vérité que la petite fille a devinée.

Le même fait de dissimulation se produit tôt ou tard dans chaque famille, sous une forme ou sous une autre. Dans le peuple, c'est d'une façon plus précise et plus brutale que le voile se déchire, que l'initiation se fait.

La grosse erreur a été de croire qu'en disant la vérité à l'enfant, on déflorerait la pureté de son âme, on éveillerait son attention. Les parents sont généralement enclins à croire à une innocence absolue chez leurs enfants, et à trop oublier ce qu'eux-mêmes, à cet âge, ont pensé, désiré connaître et appris.

Certes, dans cette partie de l'éducation, il faut beaucoup de tact. Jamais on ne doit devancer la curiosité de l'enfant, encore moins l'éveiller. Et surtout n'oublions pas que les sous-entendus, les sourires, les allusions voilées qu'ils surprennent, sont bien plus nuisibles à leur innocence que la vérité simplement expliquée.

Il n'est pas nécessaire pour cela d'entrer dans des détails que l'enfant n'a pas besoin de connaître. Il suffit de ne lui pas mentir et de le préparer à comprendre, par un développement logique et progressif de sa pensée, l'enseignement qui lui sera donné plus tard, à l'école, et qui sera le prolongement de cette éducation rationnelle commencée dans la famille.

Tout cela, me dira-t-on, doit être fait avec tellement de tact et de mesure que peu de mères, peu de femmes sont préparées au rôle auguste d'éducatrices que vous leur réservez.

Je ne nie pas le bien-fondé de l'objection et c'est précisément à l'inconvénient de cette non préparation des parents, à la tâche qui leur incombe, qu'il est nécessaire de remédier en les instruisant eux-mêmes de leur devoir. De même, il est nécessaire de préparer dans nos écoles normales, par des cours spéciaux, nos futurs instituteurs et nos futures institutrices à la délicate mission qu'ils devront assumer puisque c'est eux qui, à l'école, devront poursuivre cette éducation par l'étude de l'histoire naturelle, et en faire comprendre aux enfants toute la gravité et toute la beauté.

**

Ici se pose la seconde question : L'enseignement doit-il être, pour l'enfant arrivé à l'âge scolaire, individuel, familial, ou peut-il être collectif ?

Si, par un miracle que personne ne peut espérer, on pouvait décréter que chaque enfant aura le foyer sain, pur, moral, auquel il a droit, qu'il y trouvera toujours les parents ayant les qualités requises et le temps de l'instruire de ces délicates questions, oh ! alors, tout de suite je vous dirais que cette éducation si particulière doit rester le devoir, la prérogative de la famille.

Qui jamais, en effet, pourra remplacer auprès d'un enfant, pour cette initiation qui demande tant d'amour et de valeur morale, qui pourra remplacer une mère ? Personne, cela est certain. La mère a sur l'éducateur étranger, aussi digne soit-il, l'avantage inappréciable d'être pour son enfant l'incarnation de ce qu'il y a de meilleur, de plus pur, et ce dernier acceptera, à travers l'amour, le respect qu'il a pour elle, ce qu'elle lui dira sur ce sujet, sans qu'une arrière-pensée vienne en altérer le sens.

Mais, puisque les miracles ne sont plus de notre époque, puisque nous devons nous efforcer de tirer le meilleur parti possible des conditions d'existence qui nous sont départies et, tant au point de vue matériel que moral, les améliorer si possible; force nous est bien d'accepter qu'une éducation aussi nécessaire que celle-là puisse être donnée de façon convenable, non seulement par la famille qui, à ce point de vue particulier, n'existe en réalité que pour un nombre restreint d'individus, mais aussi, à l'école, pour les autres, qui sont la grande majorité.

Contre cet enseignement à l'école, on a soulevé la difficulté du développement inégal de l'intelligence de l'enfant, de sa précocité et surtout du degré de candeur qu'a gardé son esprit, de son innocence enfin.

Cette objection serait sans réplique si, dans cet enseignement auquel, je le reconnais, le qualificatif de « sexuel » donne une apparence de brutalité dont se prévalent, pour la repousser, les éducateurs et les parents hostiles à la réforme ; si cet enseignement, dis-je, devait être fait avec des préoccupations, soit d'ordre érotique et sensuel, soit d'ordre mystique et conventuel, ou même s'il devait être accompagné de ces mises en garde contre le mal, si dangereuses par ce qu'elles révèlent à de jeunes esprits pour lesquels le mal n'existe pas. Mais tel ne doit pas être cet enseignement.

A l'école, l'instituteur ou l'institutrice n'aura pas besoin d'ajouter, pour cet enseignement, un numéro de plus à son programme. C'est en enseignant l'histoire naturelle à leurs élèves que les éducateurs leur feront comprendre les grandes lois de la vie, de la reproduction de l'espèce ; les joies qu'elles nous procurent et les devoirs qu'elles nous imposent.

Partant de l'humble graminée — pour aboutir à l'homme — il trouvera, dans le règne végétal d'abord, dans le règne animal ensuite, la ligne normale qui le conduira à la vérité. Et cette vérité ainsi révélée, ainsi comprise, ne pourra en aucun cas être nuisible à la pureté de l'esprit de l'enfant.

« En demandant, dit M. le Professeur Pinard, qu'on apprenne à nos enfants les théories de Lamarck, l'hérédité et ses lois, la loi naturelle en vertu de laquelle tous les êtres vivants, végétaux et animaux, tendent à se répéter dans leurs descendants qui héritent de leurs propriétés, qualités naturelles ou acquises ; en demandant qu'on leur fasse comprendre que c'est de cette façon qu'est gouverné le monde vivant, je crois aussi bien protéger leur innocence que leur avenir. Je les respecte en agissant ainsi et je leur apprends à vénérer leurs aïeux et à respecter leurs descendants. »

Du reste, pour combien d'enfants ce complément d'instruction, fait dans les conditions de discrétion voulues, sera-t-il une révélation ? Les écoliers de nos grandes villes sont-ils tellement ignorants en la matière pour que ce que pourra dire l'instituteur ou l'institutrice puisse devenir un danger ou provoquer chez eux le choc moral que l'on craint ? Pour ma part, je ne le crois pas, et ceux qui en parlent comme d'une catastrophe possible ne le croient souvent pas eux-mêmes. La plupart des enfants, s'ils ne savent pas la vérité, ont cherché à la connaître, ont été renseignés — et mal renseignés la plupart du temps — et la loi de la reproduction qui devrait rester pour tous la loi la plus belle et la plus sacrée, devient pour eux une chose malpropre, dont on ne parle qu'à demi-mot, honteusement, comme d'une obscénité.

Hélas, le plus difficile ne sera pas d'instruire les enfants dans les conditions voulues de dignité et de moralité. Sur un terrain vierge, la semence jetée portera de bons fruits ; ce qui, par contre, sera infiniment plus laborieux ce sera d'extirper des jeunes cerveaux les données fausses, malsaines dont on les aura encombré et sali.

Relisez *La Maternelle* de Léon Frapié,

ce livre écrit non seulement avec le talent et l'intelligence de l'auteur, mais aussi avec la documentation exacte fournie par celles les plus à même de la donner, et vous y verrez que la plupart de ces pauvres petits n'attendent même pas l'âge scolaire pour être renseignés.

Quant aux enfants des campagnes, que leur révèlera l'instruction donnée à l'école de plus que ce qu'ils voient et constatent tous les jours autour d'eux ? Rien. Il fera simplement comprendre à l'enfant la différence qu'il y a entre les instincts naturels de l'homme, dirigés vers des fins supérieures, et les instincts de la brute qui les suit sans se rendre compte de l'importance de ses actes.

Cet enseignement à l'école rencontre, je l'ai déjà dit, des adversaires sérieux. Un des plus autorisés parmi eux, M. l'Abbé de Fonssagrives, dont on ne saurait nier la compétence, la haute conception morale et la très grande influence sur les écoles et l'Université libre catholique, a beaucoup écrit sur ce sujet.

Les brochures qu'il a publiées : « *Le Vice et ses Risques* », « *L'Evolution de la Pureté* » sont fort intéressantes et méritent d'être lues par les maîtres et les parents qui désirent s'instruire en la matière.

Les objections que soulève M. de Fonssagrives sont en partie celles que j'ai déjà énumérées plus haut.

Après avoir reconnu que « la pudibonderie est l'ennemie née de la véritable pudeur, comme la bigoterie est l'ennemie née de la véritable piété..., que l'ignorance du vice n'est pas la vertu », que « l'ignorance doit cesser à un certain moment sous peine de devenir un véritable danger pour l'innocence », il déclare cependant se séparer, à son grand regret, de ceux qui préconisent cet enseignement collectif dans les écoles — et vouloir s'en remettre pour cela aux directeurs spirituels ou moraux de la jeunesse, niant les garanties que peut présenter la prudence, la valeur morale de l'instituteur, à quelque catégorie qu'il appartienne.

A l'appui de sa thèse, il cite, entre autres, l'opinion d'un ancien professeur qui craint de voir les élèves tourner en dérision l'instruction qui leur sera donnée, — « tous possédant au plus haut degré l'esprit de raillerie poussé à l'extrême et un respect humain qui en font trop souvent des fanfarons du vice ». — Ce à quoi M. de Fonssagrives ajoute : — « Les vrais adversaires de l'enseignement que vous voulez donner se trouvent aujourd'hui installés trop souvent au foyer de l'ouvrier. Il est peu de pères qui ne se permettent de gouailler devant leurs enfants mêmes l'enseignement scientifique que vous avez entrepris de donner. Commencez par enseigner les pères, si vous voulez être utilement entendus par les fils ! »

Il est possible, il est même probable

que de tels faits se produiront. Mais si, sous prétexte de la non-préparation des parents, vous laissez les enfants, qui seront les pères, les mères de demain, dans la même ignorance, la même méconnaissance des lois de la reproduction, des hauts devoirs et des saines joies qu'elle comporte, je me demande comment, dans la société dans laquelle nous vivons — car c'est avec celle-là qu'il faut compter — vous arriverez à cette réforme capitale dans l'éducation de notre jeunesse, que beaucoup désirent.

Acceptons donc, avec l'enseignement collectif à l'école, les quelques petits inconvénients qu'il pourrait avoir pour quelques rares unités, inconvénients qui ne comptent plus en face des grands avantages moraux qu'il représente.

Avec tant de bons esprits, de penseurs de haute valeur morale, demandons, comme le fait M. le Professeur Pinard, que, « dès l'école primaire, cette instruction soit donnée, car le but de l'enseignement primaire, comme l'a écrit M. Gréard, est de bien apprendre, dans les diverses matières auxquelles il touche, ce qu'il n'est pas permis d'ignorer. C'est par une instruction et une éducation ainsi commencées que, seulement, l'instinct sexuel sera scientifiquement dirigé vers le but si élevé qui doit être son terme ultime. C'est seulement alors que l'homme et la femme comprendront la véritable signification de l'acte le plus grave que l'on puisse commettre dans la vie, de l'acte sublime par excellence, de l'acte le plus sacré qu'est celui de procréer. »

Une réforme est un poussin qui brise sa coquille. L'idée, pour aboutir, doit briser les vieilles formules qui l'enserrent.

« Beaucoup de gens, dit le Dr Herzen, craignent d'arriver trop tôt, d'éveiller des idées qui sommeillaient encore, de faire plus de mal que de bien ; ils arrivent souvent trop tard. Les garçonnets encore enfants peuvent constamment, d'un moment à l'autre, à la maison ou à l'école, être instruits de tout, même des vices sexuels, par des camarades plus âgés ou plus précoces, ou par des personnes adultes dépravées et peu scrupuleuses, avec démonstrations et preuves à l'appui. C'est alors que le mal est fait, et cela à l'insu des parents, ce qui les empêche d'en prévenir les conséquences. Il vaut infiniment mieux que les enfants soient avertis trop tôt que trop tard. »

Faisons confiance aux maîtres de notre jeunesse ; ils comprendront, soyons-en certains, la haute portée de l'effort que nous leur demandons et auront à cœur de répondre à notre appel.

Du reste, ce sujet a déjà été introduit dans les programmes scolaires d'autres pays, pourquoi nos professeurs seraient-ils inférieurs à leurs collègues des pays étrangers ?

※

Et lorsque l'enfant aura quitté l'école primaire pour l'atelier ou le lycée, ne croyons pas avoir fait suffisamment pour l'instruire et le protéger.

La famille d'abord, l'école ensuite auront, en éclairant l'enfant, préservé son esprit des curiosités malsaines, des initiations désastreuses. Cette instruction, donnée au moment où chez l'enfant la nature dort encore, au point de vue particulier qui nous intéresse, aura progressivement préparé l'adolescent à recevoir le complément d'éducation qui lui sera nécessaire pour lutter plus tard contre les tentations, les mauvais exemples et les sollicitations, précoces parfois, mais généralement plus tardives qu'on ne le dit, de l'instinct.

Dans la classe ouvrière, là où l'enfant doit, au sortir de l'école, entrer à l'atelier, il y a deux méthodes à suivre : Pour la jeune fille, cette éducation sera facilitée par la préparation à son rôle maternel, que pourront mettre à leur programme les cours d'instruction post-scolaire. Il n'y a, dans ce domaine, rien qui puisse blesser la pudeur d'une jeune fille, aussi chaste soit-elle, et c'est en même temps le meilleur moyen, et le plus élevé, d'aborder avec elle ces délicates questions. Bien entendu, la famille peut et doit collaborer à cette préparation, lorsque les parents sont aptes à le faire. En se préparant à son rôle de mère, la jeune fille apprendra, en même temps que la puériculture, les devoirs qu'ont les parents à l'égard de ceux qui naissent d'eux. Elle apprendra que la meilleure préface à un ménage heureux est une jeunesse pure, tant pour l'homme que pour la femme. Elle apprendra avec tous les ménagements que le sujet comporte, que neuf fois sur dix c'est la femme, et avec elle l'enfant, qui paient de leur santé la débauche du père, et qu'il ne sert à rien de se ranger le jour de son mariage si l'on a, au préalable, empoisonné chez soi les sources de la vie. Au lieu de l'indulgence — plus même, de l'admiration qu'elle sent autour d'elle pour l'homme à bonnes fortunes — admiration qu'aujourd'hui elle partage, elle comprendra mieux ce que signifient de pleurs, de misère et de honte, pour celles qui en furent les victimes, les charmes du séducteur. Plus sévère que ses devancières, elle le méprisera puisqu'elle saura que ce qu'on appelle une bonne fortune pour l'homme n'est souvent que de l'infortune pour la femme qui succombe.

Pour le jeune homme, l'adolescent appartenant lui aussi à la classe ouvrière, et dont l'instruction s'arrête à la sortie de l'école primaire, ce sera également, à côté de la famille, au cours, au patronage postscolaire que se continuera son éducation. A lui aussi, on apprendra ce qu'il se doit à lui-même, ce qu'il doit à la famille qu'il fondera, ce qu'il doit à son pays.

Ces choses, ainsi que toutes celles relatives aux risques que fait courir l'inconduite, lui seront dites avec tact, et l'on se souviendra que, plus un sujet est scabreux, plus il doit être abordé avec des pensées élevées, des paroles choisies.

« Plusieurs redoutent d'aborder, dit M. Durleman, des questions qui obligent, pensent-ils, à une liberté et à une crudité de langage qui les gêne et les choque.

« Eh bien, à nos yeux, c'est là une erreur. Il est souvent coupable et toujours dangereux d'avoir sur ces matières une trop grande liberté de langage, une trop grande liberté d'attitude, et de méconnaître le caractère sacré et le rôle préservateur de la pudeur. Il s'agit, par exemple, de ne pas oublier, comme le disait M. Babut au Congrès de La Rochelle, que le mot sale n'est pas toujours le mot propre. »

Nous ne saurions trop nous associer à ces paroles. Mais ce n'est pas seulement par la parole, c'est aussi souvent dans les écrits qu'on a oublié le respect que l'on doit tant au caractère de ceux auxquels on s'adresse qu'à la dignité du sujet que l'on traite.

« On a fait et imprimé dans ce domaine, dit avec sévérité mais justesse le D^r Fœster, des propositions vraiment insensées qui méconnaissent entièrement la valeur préservatrice de la pudeur et qui, sur d'autres points encore, témoignent d'un défaut effroyable de sens pédagogique et moral. Ne surveillons pas seulement la manière dont nous disons les choses, prenons garde aussi aux choses que nous disons. Ne prenons pas ces questions par le bout qui touche à la terre, prenons-les du côté qui regarde le ciel. Ne dépoétisons pas la pureté. Ne mettons point de la lèpre sur l'amour. »

Disons ce qui est utile ; n'allons pas au-delà et que notre enseignement soit une éthique ascendante. La brutalité du fait sans son complément : l'enseignement moral qu'il renferme, ne signifie pas grand'chose et peut devenir dangereux.

« Est-ce que je sache, dit le Professeur Landouzy, que les élèves en médecine n'ignorant rien des risques qu'ils encourent, soient, par hasard, moins meurtris que leurs camarades du Droit ou les Lettres ? » Non.

L'éducation sexuelle doit moins être une mise en garde contre le vice et ses risques qu'une initiation à une vie belle, saine, fournie par de nobles exemples, une émulation vers les sommets à atteindre.

Je sais bien que tous les enfants de la classe ouvrière qui ont quitté l'école pour l'atelier ou le magasin ne suivent pas les cours postscolaires, ne sont pas membres de patronages, ne font pas par-

3.

tie d'associations de jeunes gens et que ceux-là ne pourront jamais être touchés par notre enseignement. Cela est certain, mais, parce que nous ne pouvons pas englober la totalité, devons-nous laisser échapper la grosse minorité, si ce n'est la majorité, que nous pouvons atteindre?

Ici comme ailleurs faisons ce que nous pouvons et, en marchant, prouvons le mouvement.

La question des jeunes gens et des adolescents de la classe ouvrière étant ainsi, non pas résolue mais éclairée, nous passerons à l'autre partie de la jeunesse, — celle qui, ayant achevé l'enseignement primaire, reçoit dans les lycées, collèges, écoles libres, etc... l'enseignement secondaire. Pour ceux-là, comme le fil conducteur n'a pas été rompu, les professeurs appelés à étudier avec eux les sciences, la philosophie, la morale pourront, en comblant simplement les lacunes que les vieux préjugés avaient laissé subsister dans leur enseignement, y introduire l'éducation sexuelle. L'histoire naturelle, la philosophie, la morale ne seront plus pour eux des sciences s'arrêtant toutes, brusquement, devant la chose magnifique qu'est la loi de la vie.

Cet enseignement variera dans ses développements, cela est bien entendu, selon qu'il s'adressera à des jeunes filles ou à des jeunes gens, mais les grandes lignes en resteront les mêmes.

Je crois que, pour ce qui est de nos jeunes filles, nous pouvons être tout à fait rassurés. Parmi les professeurs de l'enseignement secondaire féminin, nous avons aujourd'hui déjà, par les écrits de quelques-unes d'entre elles, la preuve de leur compréhension de ce que doit être une éducation rationnelle pour celles appelées à devenir un jour des épouses et des mères. C'est avec autant de délicatesse que de savoir et de courage qu'elles ont abordé ce difficile problème. Lorsqu'elles auront à ajouter au lourd travail qui leur incombe déjà cette nouvelle tâche, nul doute qu'elles ne tiennent à honneur de s'élever jusqu'à elle.

Du reste, ne nous le dissimulons pas : même dans la bourgeoisie, les jeunes filles ne sont pas toujours si candides que le prétendent les adversaires de l'éducation sexuelle. Plus souvent qu'on ne le croit, la jeune fille est instruite — mal instruite, il est vrai — des lois de la reproduction ; ce qu'on pourra lui apprendre ne fera que mettre au point ce qu'elle sait déjà. On vit, dans ce domaine, dans une atmosphère de conventions qui est aujourd'hui tout à fait en désaccord avec les méthodes scientifiques qui sont à la base de l'enseignement. Au nom d'une fausse pudeur, on se trompe soi-même et on trompe les autres, alors que la défense de la véritable pureté n'exige pas l'ignorance, bien au contraire.

« Je sais des familles, dit M. Renault, et nous en connaissons tous, où les enfants ont plus de vingt ans et où le moindre mot, le plus digne, relatif aux choses de la génération, fait monter la rougeur à tous les fronts, fait sursauter les parents, étonne, sinon réjouit, les jeunes gens. Ne vous hasardez pas à prononcer là les mots de pureté, bonnes mœurs, inconduite, amour, mariage, bébé même, on vous classerait d'office parmi les gens au langage déplacé et dangereux. »

Croit-on que des jeunes filles, des jeunes gens, élevés de la sorte soient plus innocents, mieux préservés ? Non, sans doute. Et en disant cela, je ne crois pas porter atteinte à la valeur morale de notre jeunesse féminine, à la pureté des sentiments qui restent, malgré tout, l'apanage de la grande majorité. Je veux montrer simplement qu'un enseignement donné dans les conditions voulues de discrétion, de moralité, ne saurait être plus nuisible pour elles que les connaissances — fausses souvent — qu'elles ont apprises bribes par bribes, ou ont deviné, de la vie sexuelle.

Pour les garçons, il semble *a priori* que cet enseignement soit infiniment plus facile. Je n'oserai pas affirmer que cela soit conforme à l'expérience. Certes, l'adolescent est plus instruit que la jeune fille en la matière ; l'indépendance relative qu'il a eue lui a permis de se renseigner et la leçon du maître trouverait aujourd'hui quatre-vingt-dix fois sur cent, le terrain envahi par les mauvaises herbes, puisque, au lieu d'avoir commencé son éducation de bonne heure, on a retardé le moment pour l'instruire et pour le mettre en garde jusqu'à l'âge de seize ou dix-huit ans.

Le danger ne gît pas là ; il est ailleurs. Chez l'adolescent beaucoup plus que chez la jeune fille dont les sens dorment encore, il faut craindre d'éveiller l'instinct et, à l'encontre de ce qu'on croit généralement, il faut, avec lui, prendre garde, plus encore qu'avec la jeune fille, à la façon dont on aura traité devant lui de tout ce qui tient à la reproduction de l'espèce.

Entendez bien que par là, je ne veux pas prétendre qu'on doive avoir plus de retenue avec l'adolescent qu'avec la jeune fille. Certes non. Ce que je veux dire, c'est qu'il ne faudrait pas, sous prétexte qu'il est un garçon, qu'il n'a pas besoin des égards dus à une jeune fille, s'étendre avec trop de complaisance sur certains sujets capables de surexciter son imagination et de troubler ses sens. Surtout, sous prétexte de l'instruire, ne pas mettre trop tôt entre ses mains ces écrits spéciaux faits pour prémunir la jeunesse et qui, souvent, ne servent qu'à faire travailler son cerveau de façon malsaine.

En septembre 1906, M. Charles Gide constatait déjà que « les livres destinés à éclairer les jeunes gens et les jeunes filles, ou les gens mariés, sur la question sexuelle, deviennent de plus en plus nombreux. On pourrait croire, ajoutait-il, que, jusqu'à ce jour, l'espèce humaine n'a pas su comment s'y prendre pour se reproduire et qu'il est temps de l'éclairer. Je sais bien que, dans l'intention des auteurs de ces publications, il s'agit d'éclairer les hommes et les femmes sur les conséquences physiologiques et morales de leurs actes sexuels et que, par conséquent, toute cette littérature nouvelle part d'un bon sentiment. Je ne suis cependant pas convaincu qu'elle soit très utile ou même sans danger. »

Il sera assez tôt de la lui faire connaître lorsque le moment sera venu du service militaire où, devant se séparer des siens, il pourra ajouter, pour se garantir, aux connaissances, aux principes, puisés dans une éducation saine et droite, la crainte du risque.

« Avant de laisser pénétrer jusqu'à la pensée de l'adolescent l'idée de la luxure et de ses vengeances, présentons-lui, dit Mme Pieczynska, l'image pure et parfaite de l'union conjugale et de la famille fondée sur l'amour. L'initiation ainsi entreprise éveillera dans son âme un élan d'enthousiasme et de bonne volonté dont la valeur éducative dépassera de mille coudées l'effet de la crainte ou la puissance du blâme. La méthode restrictive n'est jamais féconde, elle ne peut être qu'un pis-aller. »

Donnons à la jeunesse un idéal de vie assez élevé, assez puissant, pour qu'il lui serve de flambeau sur les voies d'une vie sexuelle naissante. L'ambition d'un noble amour, voilà pour le jeune homme la meilleure défense contre les sollicitations impures, les désirs inavouables.

Nous plaçant aussi loin de ceux qui, influencés par une conception ancienne et mystique de la pureté, nient qu'une idée supérieure, de quelque nature qu'elle soit, puisse jamais présider à la transmission de la vie, que de ceux pour lesquels la présence du désir sexuel est la sanction suffisante de son assouvissement, nous voulons qu'on apprenne à notre jeunesse, avec les lois de la vie, les règles morales qui doivent présider à leur mise en action.

En conviant les parents, les éducateurs, à instruire les enfants d'abord, la jeunesse ensuite, de ces choses, à leur en montrer toute la noblesse, on leur demande, non pas de dépoétiser leur rôle, mais de l'élever au contraire vers les hauteurs saines et pures de la vérité.

Je ne voudrais pas terminer cette causerie en semblant ignorer les préoccupations de nos maîtres de l'Université à ce sujet, et vous laisser croire que rien n'a été tenté dans cette direction. On s'est, au Conseil Supérieur de l'Instruction publique, préoccupé, il y a des années déjà, d'organiser l'enseignement que nous réclamons. Mais on en est resté jusqu'ici à la période d'études. Il est temps qu'on aboutisse. Les preuves irréfutables de valeur morale qu'a données, en ces années de tourmente, notre corps enseignant nous est une garantie qu'il saura, là encore, se montrer à la hauteur de sa tâche.

Demain plus encore qu'hier, il saura que le patriotisme ne se manifeste pas seulement sur les champs de bataille et que, préparer dignement la jeunesse à résister aux tentations qu'elle aura à subir, c'est aussi remporter une victoire.

LIBRAIRIE FÉLIX ALCAN

BERTILLON (D' J.), chef des travaux statistiques de la Ville de Paris. — **La dépopulation de la France.** (*Couronné par l'Institut*). 1 vol. in-8, cart. à l'angl. .... 6 francs

CAHEN (Georges), maître des requêtes au Conseil d'État. — **Le logement dans les villes.** (*La crise parisienne*). 1 vol. in-16 .... 3 fr. 50

FINOT (J.). — **Préjugé et problème des sexes.** 4ᵉ édit., 1 vol. in-8 .... 5 francs

FRANCILLON (le Dʳ Marthe). — **Essai sur la puberté chez la femme.** 1 vol. in-16, cartonné. 4 francs

LÉPINE (Prof. R.). — **Contre la dépopulation de la France.** (*Une loi nécessaire*). 1 broch. in-8. 0 fr. 60

LEROY-BEAULIEU (Paul), de l'Institut. — **La question de la population.** (*Couronné par l'Institut*). 1 vol. in-16 .... 3 fr. 50

MOLINARI (G. de). — **La viriculture.** 1 vol. in-18. 3 fr. 50

RIBBING, profess. à l'Université de Lund (Suède). — **L'hygiène sexuelle et ses conséquences morales.** 4ᵉ édit., 1 vol. in-12, cartonné ..... 4 francs

THOMAS (P. E.) — **L'éducation dans la famille.** *Les péchés des parents*. (*Récompensé par l'Institut*). 5ᵉ édit. (*sous-presse*). 1 vol. in-16 ... 3 fr. 50

TUROT (H.), conseiller municipal, et BELLAMY (H.). — **Le surpeuplement et les habitations à bon marché.** 1 vol. in-8, cart. à l'angl. ...... 6 francs

WERSTERMARK (Édouard). — **Origine du mariage dans l'espèce humaine.** Traduction de H. de Varigny. 1 vol. in-8 .... 11 francs

WYLM (Dʳ A.). — **La morale sexuelle.** 1 vol. in-8. 5 francs

www.ingramcontent.com/pod-product-compliance
Lightning Source LLC
Chambersburg PA
CBHW060501050426
42451CB00009B/769